LA CHARTE CONSTITUTIONNELLE,

EN 1821.

OUVRAGES NOUVEAUX

Qui se trouvent chez le même Libraire.

Histoire des six derniers mois de la vie de Joachim Murat, publiée à Naples par le général *Colletta*, et traduite de l'italien par *L. Gallois*. Un vol. in-12. Prix, br. 2 f. 50 c., et 3 f. franc de port.

NOTA. *La censure* a défendu expressément aux journaux d'annoncer cet ouvrage qui est très intéressant.

Précis de l'histoire des Jésuites, suivi de la bulle qui supprime cette société, et de la constitution qui la rétablit dans tout l'univers, avec des notes sur Ignace de Loyola, fondateur de cet ordre, sur l'institut des Jésuites, et sur la morale qu'ils enseignaient; par *G. J. Charvilhac*. Accompagné d'une *estampe du tableau* trouvé dans l'église des ci-devant soi-disans Jésuites du collége de Billom en Auvergne, l'an 1762. Un vol. in-8°. Prix, broché, 4 fr. 50 c., et 5 fr. 50 c. franc de port.

Mémoires d'un Vilain du quatorzième siècle, traduit d'un manuscrit de 1369; par *I. A. S. Collin de Plancy*, 2 vol. in-12. Prix, brochés, 5 fr., et 6 fr. 25 c. franc de port.

Maximes et Pensées du Prisonnier de Ste.-Hélène, manuscrit trouvé dans les papiers de Las-Casas, traduit de l'anglais. In-8°. Prix, broché, 2 fr. 50 c., et 3 f. franc de port.

Correspondance de Bernadotte, prince royal de Suède, *avec Napoléon*, depuis 1810 jusqu'en 1814; précédée de *notices* sur la situation de la Suède depuis son élévation au trône des Scandinaves; *pièces officielles* recueillies et publiées par M. *Bail*. In-8°. Prix, broché, 2 fr. 50 c., et 3 fr. franc de port.

LA CHARTE CONSTITUTIONNELLE,

EN 1821.

Quelle est donc cette Charte pour laquelle ils professent tout-à-coup un zèle si ardent et si pur? Est-ce celle qui fut l'œuvre de la sagesse royale, qui fut destinée à cimenter l'union du peuple et du trône, en fixant leurs droits respectifs, en consacrant tous les résultats utiles et honorables de la révolution, en promettant aux citoyens la jouissance de toutes les libertés conquises au prix de tant de sang et de sacrifices sur le pouvoir absolu et sur les privilèges? Non, messieurs, celle-là, vous le savez, N'EXISTE PLUS; *elle a été violée*, *déchirée*, *foulée aux pieds* par la majorité de cette Chambre dans la dernière session. La Charte qu'ils veulent est celle qui a reçu tous les outrages, celle qui laisse la liberté de la presse et la liberté individuelle entre les mains du pouvoir, et la liberté des élections entre les mains du pouvoir et du privilége; celle qui tolère toute espèce d'arbitraire; celle, en un mot, qui consacre LA CONTRE RÉVOLUTION..... Voilà l'objet de leur culte hypocrite!

(*Paroles de M.* MANUEL, *dans la séance du* 5 *février* 1821. — *Extrait du Moniteur.*)

A PARIS,
CHEZ L'HUILLIER, LIBRAIRE,
RUE SAINT-ANDRÉ-DES-ARCS, N° 18.

1821.

BUT
DE L'OUVRAGE.

Cet ouvrage, ou plutôt cette compilation, se divise en trois chapitres.

Le premier chapitre renferme le discours prononcé par le Roi dans la séance du 16 mars 1815, en jurant de *maintenir cette Charte, son plus beau titre aux yeux de la postérité*, et le serment solennel prêté dans cette même séance par S. A. R. Monsieur, au nom de toute la famille royale.

Le deuxième chapitre comprend les faits, c'est-à-dire, la Charte constitutionnelle : et sous chacun de ses articles l'indication des actes, lois ou ordonnances qui l'ont suspendue, ou qui, selon nous, l'ont violée.

Enfin, dans le troisième chapitre nous rapportons l'ordonnance royale du 9 mars 1815, et la loi du 15 mars 1815, dans lesquelles le Roi proclame la Charte constitutionnelle *le point de ralliement, le signe d'alliance de tous les Français*, et déclare que le *dépôt de cette Charte est confié* A LA FIDÉLITÉ ET AU COURAGE *de l'armée, des gardes nationales et de tous les citoyens.*

Qu'on relise avec attention ce simple énoncé, et on verra clairement *le but de l'ouvrage*.

CHAPITRE PREMIER.

Serment solennel du 15 *mars* 1815.

Le 4 juin 1814, Louis XVIII avait promis, dans le préambule de la Charte, *d'en jurer le maintien, avec une nouvelle solennité, devant les autels de celui qui pèse dans la même balance les rois et les nations.*

Neuf mois s'étaient écoulés, et cette solennité n'avait pas encore eu lieu ; elle était même entièrement oubliée ; on n'en parlait plus.

Tout-à-coup, le 16 mars 1815, les Chambres sont extraordinairement convoquées ; Louis XVIII, entouré de la famille royale, se rend au milieu des députés, et il y prononce le discours suivant :

« Messieurs,

« Dans ce moment de crise, où l'ennemi public a pénétré dans une partie de mon royaume, et qu'il menace la liberté de tout le reste, je viens au milieu de vous resserrer encore les liens qui, vous unissant avec moi, font la force de l'état ; je viens, en m'adressant à vous, exposer à toute la France mes sentimens et mes vœux.

« J'ai revu ma patrie ; je l'ai réconciliée avec toutes les puissances étrangères, qui seront, n'en doutez pas, fidèles aux traités qui nous ont rendus à la paix ; j'ai travaillé au bonheur de mon peuple : j'ai recueilli, je recueille tous les jours les marques les plus touchantes de son amour ; pourrais-je, à soixante ans, mieux terminer ma carrière qu'en mourant pour sa défense ?

« Je ne crains donc rien pour moi, mais je crains pour la France : celui qui vient allumer parmi nous les torches de la guerre civile y apporte aussi le fléau de la guerre étrangère ; il vient remettre notre patrie sous son joug de fer ; il vient enfin détruire cette Charte constitutionnelle que je vous ai donnée, cette Charte, *mon plus beau titre aux yeux de la postérité*, cette Charte que tous les Français chérissent, *et que je jure ici de maintenir*.

« Rallions-nous donc autour d'elle ; qu'elle soit notre étendard sacré ! Les descendans de Henri IV s'y rangeront les premiers : ils seront suivis de tous les bons Français. Enfin, Messieurs, que le concours des deux Chambres donne à l'autorité toute la force qui lui est nécessaire ; et cette guerre, vraiment nationale, prouvera, par son heureuse issue, ce que peut un grand peuple uni par l'amour de son Roi *et de la loi fondamentale de l'état* ».

S. A. R. Monsieur, après avoir profondément salué le Roi, a dit :

« Sire,

« Je sais que je m'écarte ici des règles ordinaires en parlant devant votre Majesté ; mais je la supplie de m'excuser, et de permettre que j'exprime ici en mon nom et au nom de toute sa famille combien nous partageons *du fond du cœur* les sentimens et les principes qui animent votre Majesté ».

Le prince, en se retournant vers l'assemblée, a ajouté :

« *Nous jurons* SUR L'HONNEUR *de vivre et de mourir fidèles à notre Roi et à la Charte constitutionnelle qui assure le bonheur des Français* ».

Mais il était trop tard ; quatre jours après Bonaparte entrait à Paris : et les Bourbons éprouvèrent alors, dit M. Lanjuinais, que si un édifice a été pendant la belle saison laissé à découvert et sans défense contre les mal intentionnés, c'est en vain que l'on croit y trouver un abri pendant le trouble et les orages.

CHAPITRE II.

Exposé des faits. — Violations patentes de la Charte, d'après des lois, actes et ordonnances, etc.

Avant de commencer ce chapitre, nous copierons ici le préambule de la Charte et la Déclaration des droits de l'homme, qui servait aussi de préambule à la Constitution de 91.

Préambule de la Charte constitutionnelle.

LOUIS, par la grace de Dieu, ROI DE FRANCE ET DE NAVARRE,

A tous ceux qui ces présentes verront, SALUT :

La divine Providence, en nous rappelant dans nos états après une longue absence, nous a imposé de grandes obligations. La paix était le premier besoin de nos sujets : nous nous en sommes occupés sans relâche : et cette paix, si nécessaire à la France comme au reste de l'Europe, est signée. Une Charte constitutionnelle était sollicitée par l'état actuel du royaume ; nous

Déclaration des droits de l'homme et du citoyen.

Les représentans du peuple français, constitués en *assemblée nationale*, considérant que l'ignorance, l'oubli ou le mépris des droits de l'homme, sont les seules causes des malheurs publics et de la corruption des gouvernemens, ont résolu d'exposer, dans une déclaration solennelle, les droits naturels, inaliénables et sacrés de l'homme: afin que cette déclaration constamment présente à tous les membres du corps social, leur rappelle sans cesse leurs droits et leurs devoirs ; afin que les actes d

Droits de l'homme.

pouvoir législatif et ceux du pouvoir exécutif, pouvant être à chaque instant comparés avec le but de toute institution politique, en soient plus respectés ; afin que les réclamations des citoyens, fondées désormais sur des principes simples et incontestables, tournent toujours au maintien de la constitution, et au bonheur de tous.

En conséquence l'Assemblée nationale reconnaît et déclare en présence et sous les auspices de l'Etre suprême, les droits suivans de l'homme et du citoyen :

Art. I. Les hommes naissent et demeurent libres et égaux en droits. Les distinctions sociales ne peuvent être fondées que sur l'utilité commune.

II. Le but de toute association politique est la conservation des droits naturels et imprescriptibles de l'homme. Ces droits sont la liberté, la propriété, la sûreté, et la résistance à l'oppression.

III. Le principe de toute souveraineté réside essentiellement dans la nation. Nul corps, nul individu ne peut exercer d'autorité qui n'en émane expressément.

IV. La liberté consiste à pouvoir faire tout ce qui ne nuit pas à autrui : ainsi l'exercice des

Préambule de la Charte.

l'avons promise, et nous la publions. Nous avons considéré que, *bien que l'autorité toute entière résidât en France dans la personne du Roi*, nos prédécesseurs n'avaient point hésité à *en modifier l'exercice*, suivant la différence des temps ; que c'est ainsi que les communes ont dû leur affranchissement à Louis-le-Gros, la confirmation et l'extension de leurs droits à Saint-Louis et à Philippe-le-Bel ; que l'ordre judiciaire a été établi et développé par les lois de Louis XI, de Henri II et de Charles IX ; enfin, que Louis XIV a réglé presque toutes les parties de l'administration publique par différentes ordonnances, dont rien encore n'avait surpassé la sagesse.

Nous avons dû, à l'exemple des rois nos prédécesseurs, apprécier les effets des progrès toujours croissans des lumières, les rapports nouveaux que ces progrès ont introduits dans la société, la direction imprimée aux esprits depuis un demi-siècle, et les graves altérations qui en sont résultées : nous avons reconnu que le vœu de nos sujets, pour une Charte constitutionnelle, était l'expression d'un besoin réel ; mais, en cédant à ce vœu, nous avons

Préambule de la Charte.	*Droits de l'homme.*
pris toutes les précautions pour que cette Charte fût digne de nous et du peuple auquel nous sommes fiers de commander. Des hommes sages, pris dans les premiers corps de l'état, se sont réunis à des commissaires de notre conseil, pour travailler à cet important ouvrage. En même temps que nous reconnaissions qu'une constitution libre et monarchique devait remplir l'attente de l'Europe éclairée, nous avons dû nous souvenir aussi que notre premier devoir envers nos peuples était de conserver, pour leur propre intérêt, les droits et les prérogatives de notre couronne. Nous avons espéré qu'instruits par l'expérience, ils seraient convaincus que l'autorité suprême peut seule donner, aux institutions qu'elle établit, la force, la permanence et la majesté dont elle est elle-même revêtue; qu'ainsi, lorsque la sagesse des rois s'accorde librement avec le vœu des peuples, une Charte constitutionnelle peut être de longue durée; mais que, quand la violence arrache des concessions à la faiblesse du Gouvernement, la liberté publique n'est pas moins en danger que le trône même. Nous avons enfin	droits naturels de chaque homme n'a de bornes que celles qui assurent aux autres membres de la société la jouissance de ces mêmes droits. Ces bornes ne peuvent être déterminées que par la loi. V. La loi n'a le droit de défendre que les actions nuisibles à la société; tout ce qui n'est pas défendu par la loi ne peut être empêché, et nul ne peut être contraint à faire ce qu'elle n'ordonne pas. VI. La loi est l'expression de la volonté générale. Tous les citoyens ont droit de concourir personnellement, ou par leurs représentans, à sa formation. Elle doit être la même pour tous, soit qu'elle protège, soit qu'elle punisse. Tous les citoyens étant égaux à ses yeux, sont également admissibles à toutes dignités, places et emplois publics, selon leur capacité, et sans autre distinction que celle de leurs vertus et de leurs talens. VII. Nul homme ne peut être accusé, arrêté, ni détenu que dans les cas déterminés par la loi, et selon les formes qu'elle a prescrites. Ceux qui sollicitent, expédient, exécutent ou font exécuter

Droits de l'homme.

des ordres arbitraires, doivent être punis; mais tout citoyen appelé ou saisi en vertu de la loi doit obéir à l'instant. Il se rend coupable par la résistance.

VIII. La loi ne doit établir que des peines strictement et évidemment nécessaires, et nul ne peut être puni qu'en vertu d'une loi établie et promulguée antérieurement au délit, et légalement appliquée.

IX. Tout homme étant présumé innocent jusqu'à ce qu'il ait été déclaré coupable, s'il est jugé indispensable de l'arrêter, toute rigueur qui ne serait pas nécessaire pour s'assurer de sa personne, doit être sévèrement réprimée par la loi.

X. Nul ne doit être inquiété pour ses opinions, même religieuses, pourvu que leur manifestation ne trouble pas l'ordre public établi par la loi.

XI. La libre communication des pensées et des opinions est un des droits les plus précieux de l'homme : tout citoyen peut donc parler, écrire, imprimer librement, sauf à répondre de l'abus de cette liberté, dans les cas déterminés par la loi.

XII. La garantie des droits de

Préambule de la Charte.

cherché les principes de la Charte constitutionnelle dans le caractère français, et dans les monumens vénérables des siècles passés. Ainsi nous avons vu, dans le renouvellement de la pairie, une institution vraiment nationale, et qui doit lier tous les souvenirs à toutes les espérances, en réunissant les temps anciens et les temps modernes.

Nous avons remplacé, par la Chambre des députés, ces anciennes assemblées des Champs de Mars et de Mai, et ces Chambres du tiers-état, qui ont si souvent donné tout à la fois des preuves de zèle pour les intérêts du peuple, de fidélité et de respect pour l'autorité des rois. En cherchant ainsi à renouer la chaîne des temps, que de funestes écarts avaient interrompue, nous avons effacé de notre souvenir, comme nous voudrions qu'on pût les effacer de l'histoire, tous les maux qui ont affligé la patrie durant notre absence. Heureux de nous retrouver au sein de la grande famille, nous n'avons su répondre à l'amour dont nous recevons tant de témoignages, qu'en prononçant des paroles de paix et de consolation.

Préambule de la Charte.

Le vœu le plus cher à notre cœur, c'est que tous les Français vivent en frères, et que jamais aucun souvenir amer ne trouble la sécurité qui doit suivre l'acte solennel que nous leur accordons aujourd'hui.

Sûrs de nos intentions, forts de notre conscience, nous nous engageons, devant l'assemblée qui nous écoute, à être fidèles à cette Charte constitutionnelle, nous réservant d'en jurer le maintien, avec une nouvelle solennité, devant les autels de celui qui pèse dans la même balance les rois et les nations.

A ces causes,

Nous avons volontairement, et par le libre exercice de notre autorité royale, accordé et accordons, fait CONCESSION ET OCTROI à nos sujets, tant pour nous que pour nos successeurs, et à toujours, de la Charte constitutionnelle qui suit.

Droits de l'homme.

l'homme et du citoyen nécessite une force publique : cette force est donc instituée pour l'avantage de tous, et non pour l'utilité particulière de ceux auxquels elle est confiée.

XIII. Pour l'entretien de la force publique, et pour les dépenses de l'administration, une contribution commune est indispensable : elle doit être également répartie entre tous les citoyens, en raison de leurs facultés.

XIV. Tous les citoyens ont le droit de constater, par eux-mêmes ou par leurs représentans, la nécessité de la contribution publique, de la consentir librement, d'en suivre l'emploi, et d'en déterminer la quotité, l'assiette, le recouvrement et la durée.

XV. La société a le droit de demander compte à tout agent public de son administration.

XVI. Toute société dans laquelle la garantie des droits n'est pas assurée, ni la séparation des pouvoirs déterminés, n'a point de constitution.

XVII. La propriété étant un droit inviolable et sacré, nul ne peut en être privé, si ce n'est lorsque la nécessité publique, légalement constatée, l'exige évidemment, et sous la condition d'une juste et préalable indemnité.

CHARTE CONSTITUTIONNELLE.

Art. 1er. Les Français sont égaux devant la loi, quels que soient d'ailleurs leurs titres et leurs rangs.

Art. 3. Ils sont tous également admissibles aux emplois civils et militaires (1).

D'abord, si tous les Français sont également admissibles aux emplois civils et militaires, comment se fait-il que la noblesse, qui ne forme pas la centième partie de la France, soit en possession de la plus grande partie de ces emplois? Citons quelques exemples qui montreront que, quoique tous les Français soient, d'après la Charte, également admissibles aux emplois, les emplois néanmoins ne sont pas également partagés entre les Français.

Sur vingt-deux ambassadeurs, vingt-deux sont pris dans la noblesse.

Sur onze aumôniers de la maison du Roi, onze sont nobles.

(1) Nous réunissons ces deux articles, parce que l'un est la conséquence de l'autre, et que la violation du 3e entraîne nécessairement la violation du 1er. Nous en ferons de même pour plusieurs autres articles.

Sur quatre chambellans, quatre sont nobles; sur huit maîtres-d'hôtel, sept sont nobles; sur vingt gouverneurs de maisons royales ou adjudans de ces gouverneurs, dix-neuf sont nobles.

Sur seize aides-de-camp de MONSIEUR, seize sont nobles; sur treize aides-de-camp du duc d'Angoulême, treize sont nobles; sur dix aides-de-camp du duc de Bordeaux, qui a huit mois, dix sont nobles.

Sur quarante évêques, vingt-quatre sont nobles.

Voici des exemples encore plus frappans :

Sur quatre-vingt-six préfets, soixante-sept sont nobles; sur quatre-vingt-six secrétaires-généraux de préfecture, quarante-sept sont nobles; sur deux cent soixante-dix-sept sous-préfets, cent soixante-quatorze sont nobles; sur trois cent quarante-six maires, cent quatre-vingt-un (plus de la moitié) sont nobles; sur douze maires de Paris, sept sont nobles.

Prenons maintenant quelques exemples dans les emplois militaires; et pour les rendre plus frappans encore, ne choisissons pas même les grades supérieurs.

Sur trente colonels d'état-major, dix-huit sont nobles; sur trente lieutenans-colonels, vingt-deux sont nobles; sur trente-cinq personnes attachées à l'état-major-général de la garde royale, vingt-neuf sont nobles.

Descendons même à des grades bien inférieurs;

et nous trouverons toujours la même proportion. Ainsi :

Dans l'état-major du 1er régiment de la 1re brigade de la garde royale, sur vingt-et-un capitaines, quinze sont nobles.

Dans le 4e régiment de la même brigade, sur vingt-quatre lieutenans, dix-huit sont nobles.

Dans le 5e régiment de la 1re brigade (2e division), sur vingt-et-un sous-lieutenans, quinze sont nobles.

Voilà des faits qui prouvent toute la justesse et la vérité de la définition de l'aristocratie par M. le général Foy. Un membre du côté droit l'interrompit au moment où il prononçait le mot d'aristocratie, et lui adressa cette question : Qu'est-ce que les aristocrates ? Le général Foy répondit aussitôt : L'aristocratie au dix-neuvième siècle, c'est la ligue, la coalition de ceux qui veulent consommer sans produire, vivre sans travailler, occuper tous les emplois sans être en état de les remplir, envahir tous les honneurs sans les avoir mérités; mais (ajouta l'orateur) cette aristocratie ne s'établira pas, malgré tous les efforts que l'on fait pour y parvenir, parce que le trône lui-même n'y a point d'intérêt, et qu'il n'est pas possible à cinq cent mille hommes de lutter éternellement en France contre trente millions d'habitans. »

Il est certain cependant que l'aristocratie marche à grands pas, parce que le gouvernement lui-même est infecté de l'esprit aristocratique. On insère dans la Charte un article qui admet également tous les Français aux emplois civils et militaires ; mais par un autre article on se réserve le droit de distribuer tous ces emplois, et le gouvernement use de ce droit de manière à rendre illusoire le principe consacré par l'art. 3. N'est-ce pas se jouer de la constitution ? N'est-ce pas se moquer de la nation ?

D'un autre côté, comment concilier l'égalité devant la loi et l'égale admissibilité aux emplois avec les deux articles suivans de l'ordonnance du 25 août 1817 sur les majorats :

Art. 1er. A l'avenir nul ne sera par nous appelé à la Chambre des pairs, *les ecclésiastiques exceptés*, s'il n'a, préalablement à sa nomination, obtenu de notre grace l'autorisation de former un majorat, et s'il n'a institué ce majorat.

Art. 2. Il y aura trois classes de majorats de pairs : ceux attachés au titre de duc, lesquels ne pourront être composés de biens produisant moins de 30,000 f. de revenu net ; ceux attachés aux titres de marquis et de comte, qui ne pourront s'élever à moins de 20,000 fr. de revenu net ; et ceux attachés aux titres de vicomte et de baron, lesquels ne pourront s'élever à moins de 10,000 fr. de revenu net.

Ainsi, tous ceux qui n'ont pas de noblesse titulaire, tous ceux qui n'ont pas au moins 10,000 fr. de rente, sont exclus de la nomination à la pairie.

De plus, l'article 3 de la même ordonnance porte : « Les majorats de pairs seront transmissibles à perpétuité, avec le titre de pairie, au fils aîné, né ou à naître du fondateur du majorat, et à la descendance naturelle et légitime de celui-ci de mâle en mâle et par ordre de primogéniture, de telle sorte que le majorat et la pairie soient toujours réunis sur la même tête. »

Donc, tous les biens des Français ne sont pas régis et partagés par des lois égales ; donc tous les Français ne sont pas égaux devant les lois qui régissent l'état civil des personnes, les propriétés, les successions ; donc l'article 1er de la Charte est formellement violé, et une grande partie du sol français est réduite en main-morte au profit des aînés des familles nobles.

Enfin, cet article 1er a encore été violé par la dernière loi des élections, qui gratifie d'un double vote les électeurs de la grande propriété.

Et cependant, dans le discours d'ouverture de la session de 1817, S. M. Louis XVIII avait dit en termes formels :

« Je veux qu'aucun privilége ne puisse être invo-
« qué ; que l'esprit et les dispositions de cette Charte,
« notre véritable boussole, qui appelle indistincte-
« ment tous les Français aux grades et aux emplois,
« ne soient pas illusoires, et que le soldat n'ait d'au-

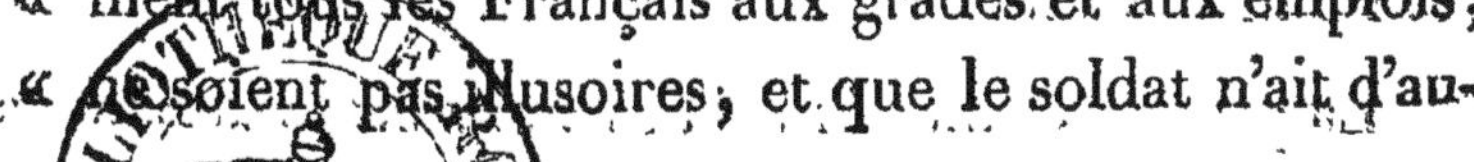

« tres bornes à son honorable carrière que celle de « ses talens et de ses services. »

Art. 2. Les Français contribuent *indistinctement*, dans la proportion de leur fortune, aux charges de l'état.

L'article 12 de la loi du 8 novembre 1814, relative à la liste civile et à la dotation de la couronne, porte :

« Les biens qui forment la dotation de la couronne ne supportent pas les contributions publiques. »

Infraction évidente ; car le Roi est sans doute du nombre des Français, et l'article 2 de la Charte veut que les Français *indistinctement* contribuent aux charges de l'état. Le roi Louis XVI, par la loi de sa liste civile, *n'était pas exempt* des contributions.

Art. 4. Leur liberté individuelle est également garantie, personne ne pouvant être poursuivi ni arrêté que dans les cas prévus par la loi et dans la forme qu'elle prescrit.

Dans l'espace de six années, cet article fondamental a été suspendu trois fois par les lois, ou plutôt contre-lois des 29 octobre 1815, 12 février 1817, et 26 mars 1820.

La première, dite *la loi des suspects*, autorisa les

arrestations arbitraires, les détentions, les surveillances non juridiques et arbitrairement prolongées; des préfets y ajoutèrent à volonté ces translations de domicile qu'on appelait *internemens* en 1793.

La seconde mit les citoyens à la merci du ministère, en établissant qu'ils pourraient être arrêtés et détenus en vertu d'un ordre signé du président du conseil des ministres et du ministre de la police.

La troisième a ressuscité la seconde, et elle pèse encore sur la France.

Enfin, comme il n'existe aucune loi qui définisse avec précision les cas, et surtout les formes des arrestations légales, et que les sénatus-consultes, le Code criminel et les décrets de Bonaparte ont détruit ou rendu illusoires les garanties de la liberté individuelle, il résulte, de l'article 4, que la Charte a laissé ces mêmes garanties ou détruites ou illusoires.

Art. 5. Chacun professe sa religion avec une égale liberté, et obtient pour son culte la même protection.

Art. 6. Cependant la religion catholique, apostolique et romaine est la religion de l'état.

Art. 7. Les ministres de la religion catholique, apostolique et romaine, et ceux des autres cultes chrétiens, reçoivent seuls des traitemens du trésor royal.

La loi du 2 juin 1817 est donc contraire à la Charte,

en ce qu'elle autorise les établissemens religieux reconnus par la loi à s'approprier indéfiniment tous biens meubles ou immeubles par actes entre-vifs ou à cause de mort. On s'efforce ainsi de rendre les ecclésiastiques propriétaires, et d'en former une seule corporation. On a vu même se former, sans loi et contre les lois, dans tout le royaume, une foule d'établissemens ecclésiastiques ; on a vu ressusciter de toutes parts des moines, des congréganistes de tout costume et de tout institut, et même des couvens *monœcies*.

C'est encore un acte contraire à l'esprit de la Charte, que la lecture publique de ces deux testamens, dont l'un énonce que l'église catholique *tient ses pouvoirs de saint Pierre*, tandis que l'autre invite avec une emphase remarquable à mourir sans sacremens plutôt que d'employer, même à l'article de la mort, des prêtres coupables *de fidélité jurée*, sans permission du pape et en grande nécessité, *à la nation, à la loi et au roi*. On dépasse même, et on viole de toute manière, les ordres du pouvoir exécutif qui prohibent tout discours sur ces testamens ; on lit en chaire de longs mandemens ou discours écrits : ces mandemens sont imprimés et distribués ; ils demeurent longtemps affichés en placards énormes, et il est même ordonné de les afficher, de les lire dans les pensions, dans les écoles des deux sexes, dans les prisons. On a même vu des curés prêcher eux-mêmes sur ce sujet, avant et après la lecture de ces actes, et profiter de cette circonstance pour protester contre la Charte et contre l'oubli du passé.

Art. 8. Les Français ont le droit de publier et de faire imprimer leurs opinions, en se conformant aux lois qui doivent réprimer les abus de cette liberté.

Cet article, qui est la première garantie et la base fondamentale du gouvernement représentatif, a été constamment violé par les contre-lois des 21 octobre 1814, 9 novembre 1815 et 28 février 1817. Il avait été rétabli par les lois des 17, 26 mai et 9 juin 1819; mais la loi exceptionnelle du 31 mars 1820 a consacré de nouveau l'esclavage de la presse et le règne de l'arbitraire, en établissant la censure des journaux et des écrits périodiques. Ainsi, depuis sept années que la Charte existe, la France n'a joui que pendant dix mois de cette liberté de la presse, sans laquelle il ne peut exister ni liberté publique, ni gouvernement constitutionnel.

Art. 9. Toutes les propriétés sont inviolables, sans aucune exception de celles qu'on appelle *nationales*, la loi ne mettant aucune différence entre elles.

Art. 10. L'état peut exiger le sacrifice d'une propriété pour cause d'intérêt public légalement constaté, mais avec une indemnité préalable.

L'irrévocabilité, la légalité et la légitimité de la vente des biens nationaux ont été constamment garanties depuis 1791 sous tous les gouvernemens, par toutes les constitutions, par une foule de lois, par le concordat de 1802 et par le traité du 30 mai 1814, tant cet objet importe à la tranquillité publique et à la sûreté des gouvernemens ! Sous l'empire, les acquéreurs de biens nationaux n'éprouvèrent pas un seul instant la plus légère inquiétude ; il n'en a pas été de même depuis la restauration. Malgré la Charte, malgré la volonté du Roi, les acquéreurs de biens nationaux ont été quelquefois vivement alarmés, et n'ont jamais pu se défendre d'une inquiétude vague, mais réelle. Nous ne disons pas que cette inquiétude soit fondée, nous ne croyons même pas qu'elle le soit ; nous disons seulement qu'elle existe. Ce n'est pas une accusation que nous portons, c'est un fait que nous énonçons ; et, pour expliquer ce fait, nous rappellerons ce qui s'est passé en 1814 et 1815, et ce qui vient de se passer en 1821.

En 1814 et en 1815, on publia, sous le régime même de la censure, des pamphlets et de volumineux traités qui prophétisaient la reprise des biens nationaux ; on ouvrit à Rome des négociations pour avoir un concordat plus qu'inutile, et pour abolir le précédent où le pape avait contracté l'engagement synallagmatique de ne point troubler les acquéreurs; enfin, dans la Chambre des pairs, on proposa en 1814 de lever 300 millions pour indemniser les émigrés des aliénations de biens nationaux : un pair osa prétendre que cette indemnité fût répartie sur les seuls acquéreurs. La Chambre voulut que ce fût sur tous les contribuables, et il y eut une adresse au Roi pour l'exécution de ce dernier plan. Pendant la session de 1815, cette même Chambre des pairs fut obligée d'entendre, contre la possession des biens nationaux, un long discours sur ce texte scholastique : *non remittitur peccatum, nisi restituatur ablatum.* L'orateur en faisait l'application générale à ses collègues, et directement il les exhortait à soulager leurs consciences, à opérer leur salut, à édifier le public par des restitutions. Nous passons sous silence beaucoup d'autres faits, beaucoup de sermons dans les églises, d'exhortations auprès du lit des mourans, que les journaux de cette époque ont rapportés.

En 1821, deux ouvrages nouveaux, deux séances de la Chambre des députés et des bruits publics sur de prétendues indemnités, ont réveillé les souvenirs et les frayeurs de 1815.

Ces deux ouvrages sont ceux de MM. Bergasse et Montlosier. Le premier a été saisi; dans le second, on lit la phrase suivante :

« Si lors de la restauration on eût mis en pièces les vendeurs de biens nationaux, je l'aurais déploré; c'aurait été un malheur, mais ce n'eût pas été une injustice. »

Les deux séances de la Chambre sont celles du 8 et du 9 mars. Dans la première, on a entendu un rapporteur proposer l'ordre du jour sur une pétition de deux propriétaires, qui se plaignaient d'un refus de sacrement fait à l'article de la mort à leur père et beau-père, dont le prêtre exigeait préalablement la *restitution* des biens nationaux qu'ils avaient achetés, et ce même rapporteur établit en principe, que les ecclésiastiques étaient les seuls juges des motifs qui pouvaient s'opposer à l'administration des sacremens. Dans la séance du lendemain, M. de Montbron, encouragé sans doute par cette doctrine de la veille, prononça un discours pour réclamer les indemnités en faveur des émigrés.

Voilà les faits (car nous ne marchons qu'avec des faits) qui expliquent les inquiétudes continuelles et les alarmes momentanées des acquéreurs de domaines nationaux, depuis la restauration. Il ne faut les attribuer ni à la Charte, qui est formelle, ni au Roi, dont les intentions y sont clairement exprimées, mais aux ouvrages de certains écrivains et aux discours de certains hommes, dont les espérances coupables et téméraires ne sont conformes ni à la Charte, ni à la sécurité nationale.

Art. 11. Toutes recherches des opinions et votes

émis jusqu'à la restauration, sont interdites. Le même oubli est commandé aux tribunaux et aux citoyens.

Cet article, qui renferme une promesse royale dictée par la sagesse et la prudence, a été ouvertement violé par l'article 7 de la loi d'*amnistie* du 12 janvier 1816, qui exclut à perpétuité du royaume les régicides qui ont voté pour l'acte additionnel ou accepté des fonctions de l'usurpateur.

Il est évident que ces citoyens furent exclus du royaume, non seulement parce qu'ils avaient voté l'acte additionnel ou accepté des emplois pendant les cent jours, mais encore parce qu'ils avaient été régicides. Donc on recherchait en eux les opinions et *votes* émis jusqu'à la restauration. Leur conduite, pendant l'interrègne, ne suffisait pas pour les faire bannir; car alors il aurait fallu bannir avec eux les trois quarts de la France. Il fallut donc y joindre des actes antérieurs à la restauration, et c'est en cela que l'article 11 de la Charte fut violé. Cette violation est patente, incontestable.

Art. 12. La conscription est abolie. Le mode de recrutement de l'armée de terre et de mer est déterminé par une loi.

La loi de recrutement du 10 mars 1818 est la seule loi vraiment constitutionnelle que nous ayons obtenue depuis sept années.

On sait que notre ancienne armée avait été divisée par une simple ordonnance, lors du licenciement, en quatorze à vingt-un degrés d'inconduite ou d'impuretés politiques, et que l'application de ces catégories se fit par des commissaires durant toute une année. Cette armée demeurait encore dans une sorte d'excommunication dont elle fut relevée par la loi de recrutement, qui prescrit un mode d'avancement fixé en partie sur l'ancienneté, sur des droits acquis.

Mais combien les heureux effets du principe de cette loi sont retardés et contrariés dans l'exécution par les promotions des trois années précédentes, par l'ordonnance du 20 mai, par les anciens priviléges de la garde royale, qui n'existent plus de droit, quoique des *ordres du jour* aient essayé de les rétablir; enfin, par l'emploi des corps étrangers et privilégiés, qui n'existent pas régulièrement puisqu'aucune loi spéciale ne les autorise, qui diminuent les chances d'avancement par ancienneté, et qui surchargent les contribuables d'un impôt annuel de plusieurs millions!

Art. 13. La personne du Roi est inviolable et sacrée. *Ses ministres sont responsables*. Au Roi seul appartient la puissance exécutive.

Tous les droits garantis au Roi par la Charte ont été, certes, pleinement réalisés et scrupuleusement respectés; mais tous les droit garantis aux Français par cette même Charte ont-ils été également réalisés et respectés ?

On réclame en vain, depuis sept ans, une loi sur la responsabilité des ministres et de leurs agens ; et cependant cette responsabilité est tout à la fois le *sine quâ non* et de l'inviolabilité royale et du gouvernement représentatif.

Un ministre, il est vrai, soutenait dernièrement à la tribune que la responsabilité ministérielle existait par la Charte, et qu'une loi était inutile. Mais, sans entrer ici dans aucune discussion, et sans rappeler que des lois particulières sont formellement promises par l'art. 56 de la Charte, nous répondrons par un fait. Plus de vingt-huit ministres se sont succédés depuis 1814 ; la Charte a été fréquemment violée, et cependant pas un seul ministre n'a été mis en accusation. Peut-on dire qu'il y ait réellement responsabilité ministérielle dans un pays où les ministres violent sans cesse, et impunément, la constitution ?

Art. 14. Le Roi est le chef suprême de l'état, commande les forces de terre et de mer, déclare la guerre, fait les traités de paix, d'alliance et de commerce, nomme à tous les emplois d'administration publique, et fait les réglemens et ordonnances nécessaires pour l'exécution des lois et la sûreté de l'état.

1° *Le Roi est le chef suprême de l'état.*—La constitution de 91 s'exprimait d'une manière plus constitutionnelle peut-être, en disant : Le Roi est le chef suprême de l'administration générale du royaume. Il existait en outre, dans cette même constitution, deux articles ainsi conçus :

Titre III, art. 1er. — La souveraineté est une, indivisible et imprescriptible ; elle appartient à la nation ; aucune section du peuple, aucun individu ne peut s'en attribuer l'exercice.

Chapitre III, art. 3. — Il n'y a point en France d'autorité supérieure à celle de la loi. Le Roi ne règne que par elle, et ce n'est qu'au nom de la loi qu'il peut exiger l'obéissance.

2° *Commande les forces de terre et de mer.*—La constitution de 91 disait aussi : Le Roi est le chef suprême de l'armée de terre et de l'armée navale ; mais elle établissait sagement les restrictions suivantes :

« Aucun corps ou détachement de troupes de ligne ne peut agir dans l'intérieur du royaume sans une réquisition légale.

« La réquisition de la force publique dans l'intérieur du royaume appartient aux officiers civils, suivant les règles déterminées par le pouvoir législatif.

« Si des troubles agitent tout un département, le Roi donnera, sous la responsabilité de ses ministres, les ordres nécessaires pour l'exécution des lois et le rétablissement de l'ordre; mais à la charge d'en informer le Corps législatif, s'il est assemblé, et de le convoquer, s'il est en vacances.

3° *Déclare la guerre, fait les traités de paix, d'alliance et de commerce.* — La constitution de 91 ajoutait sagement : *sauf la ratification du Corps législatif.* — Les déclarations de guerre et les traités, comme tous les autres actes de la puissance exécutive, doivent être signés par un ministre, et peuvent donner lieu à la responsabilité ministérielle et à toutes les suites réelles et personnelles de cette responsabilité. Ces actes doivent donc être sans délai communiqués aux Chambres; il ne doit pas y avoir des articles secrets contraires aux traités patents, sans quoi la nation pourrait être impunément lésée, opprimée, et toutes les garanties deviendraient illusoires.

4° *Nomme à tous les emplois d'administration publique.* — Mais les places de service municipal sont, à beaucoup d'égards, des places d'*administration particulière*; il en est de même des places d'officiers dans la garde communale. Cependant ces places dépendent plus ou moins de la volonté des ministres, et c'est une source d'abus de tout genre; c'est pour les ministres le moyen le plus sûr d'anéantir la liberté publique dans l'élection des députés, et de saper ainsi la constitution dans sa base; nous en avons fait la triste expérience. La constitution de 91 laissait au peuple l'élection des juges, des officiers municipaux et des officiers de la garde nationale.

5° *Il fait les règlemens et ordonnances nécessaires pour l'exécution des lois et la sûreté de l'état.* — Combien, depuis sept ans, n'a-t-on pas abusé de cette disposition ! Pour un tiers de volume de lois nous avons plus de douze volumes d'ordonnances, et une foule d'entre elles sont en contradiction avec la Charte, usurpent le pouvoir législatif, interprètent la constitution, dérogent aux lois, violent les lois vivantes, ressuscitent des lois abrogées : ensorte que nous vivons, non pas sous la législation de la Charte et des lois, mais sous celle des règlemens et des ordonnances.

Par exemple, on n'a pas vu sans scandale et sans indignation l'ordonnance contresignée le duc de Feltre, en date du 24 juillet 1816, portant : « Les individus qui ne se conformeront pas à l'art. 1er, ou qui contreviendront aux art. 2, 3, 4, seront poursuivis correctionnellement et punis selon la gravité des cas, outre la confiscation des armes, d'une amende de 300 fr. au plus et d'un emprisonnement qui ne pourra excéder trois mois. En cas de récidive, la peine sera double. » Certes, si le concours de la puissance législative est nécessaire, c'est sans contredit lorsqu'on veut établir dans la législation de nouvelles dispositions pénales. Il y a matériellement crime de trahison dans une pareille ordonnance.

Art. 15. La puissance législative s'exerce collectivement par le Roi, la Chambre des pairs et la Chambre des députés des départemens.

Art. 16. Le Roi propose la loi.

Art. 17. La proposition de loi est portée au gré du Roi à la Chambre des pairs ou à celle des députés, excepté la loi de l'impôt qui doit être adressée d'abord à la Chambre des députés.

L'art. 14 de l'ordonnance du 13 juillet 1815 portait :

« Les art. 16, 28, 35, 36, 37, 38, 39, 40, 41, 42, 43, 44, 45 et 46 de la Charte seront soumis à la révision du pouvoir législatif dans la prochaine session des Chambres. »

Mais l'art. 1er de l'ordonnance du 5 septembre 1816 porte :

« Aucun des articles de la Charte constitutionnelle ne sera revisé. »

Néanmoins, on pense généralement que l'initiative directe exclusive, et la sanction de la loi, sont incompatibles dans une même personne, et qu'il conviendrait que cette initiative appartînt concurremment aux ministres et aux membres des deux Chambres. D'après la constitution de 91, le Corps législatif seul proposait et décrétait la loi, et le Roi la sanctionnait. Il pouvait refuser son consentement, mais ce refus n'était que suspensif; et si le même décret était représenté pendant les deux législatures suivantes, le Roi était censé avoir donné sa sanction.

> Art. 18. Toute loi doit être discutée et votée librement par la majorité de chacune des deux Chambres.

Les ministres violent donc cet article, lorsque, dans les discussions législatives, ils se servent et s'autorisent du nom du Roi. On les a même entendus dire à la tribune : *Le Roi le veut; le Roi n'acceptera pas tel amendement.* C'est méconnaître entièrement les principes du gouvernement représentatif; c'est compromettre l'inviolabilité royale, établir l'irresponsabilité ministérielle, et enchaîner la liberté des deux Chambres.

Mais c'en serait fait et de la tribune et de l'art. 18 de la Charte, depuis l'adoption de la proposition de M. Syrieis de Marinhac, si cette proposition était exécutable. Comment dire, en effet, que la loi sera discutée et votée librement, lorsque la majorité pourra censurer un orateur à la première phrase qui lui déplaira, et par cela même lui interdire la parole pour tout le reste de la séance? Une pareille proposition anéantit évidemment l'un des articles fondamentaux de la constitution. En vérité, jamais violation de la Charte n'a été plus scandaleuse, plus insolente.

Art. 19. Les Chambres ont la faculté de supplier le Roi de proposer une loi sur quelque objet que ce soit, et d'indiquer ce qu'il leur paraît convenable que la loi contienne.

Art. 20. Cette demande pourra être faite par chacune des deux Chambres, mais après avoir été discutée en comité secret; elle ne sera envoyée à l'autre Chambre par celle qui l'aura proposée, qu'après un délai de dix jours.

Art. 21. Si la proposition est adoptée par l'autre Chambre, elle sera mise sous les yeux du Roi; si elle est rejetée, elle ne pourra être représentée dans la même session.

L'expérience et la raison ne prouvent que trop combien l'initiative indirecte est décourageante et puérilement illusoire. Il résulte des trois articles précédens qu'un membre d'une des deux Chambres peut proposer à sa Chambre de proposer à l'autre Chambre de proposer au Roi de proposer à l'une des Chambres, pour être proposé une seconde fois à l'autre Chambre, un projet de loi, pour être présenté par cette Chambre à la sanction du Roi. Aussi, depuis 1814, les ministres, à chaque session, ne proposent rien ou presque rien que le budget; et la Charte, contrariée d'ailleurs, ou formellement violée ou suspendue, a paru se mourir d'inanition dans son berceau.

Art. 22. Le Roi seul sanctionne et promulgue les lois.

Les deux ordonnances du 27 novembre 1816 et 18 janvier 1817, sur le mode de promulgation, sont au moins superflues, et de plus vicieuses, comme offrant des innovations illégales par défaut de pouvoir, et comme ayant en elles-mêmes des inconvéniens réels. Il n'y a rien, en effet, qu'il convienne mieux de régler par une loi, que les formes requises pour toutes les lois, afin qu'on puisse en exiger l'exécution. D'un autre côté, les articles 1 et 2 de l'ordonnance du 18 janvier 1817 rendent à un certain degré la publication dépendante des préfets, et assurent implicitement aux ministres des moyens arbitraires et trop commodes de retarder ou d'avancer la publication des lois.

Art. 23. La liste civile est fixée pour la durée du règne par la première législature assemblée depuis l'avénement du Roi.

Cette liste civile a été fixée par la loi du 8 novembre 1814, qui développe aussi les conséquences de l'inaliénabilité. L'article 1er ordonne qu'il sera payé annuellement par le trésor royal une somme de

25 millions pour la dépense du Roi et de sa maison civile, et l'article 2 établit expressément que cette somme sera versée en douze paiemens égaux de mois en mois, *sans que lesdits paiemens puissent, sous aucun prétexte, être anticipés ou retardés.*

Les articles suivans comprennent, dans la dotation de la couronne, une foule de châteaux, de palais, de bois, de forêts et d'autres immeubles, ainsi que les diamans, les perles, les pierreries, les statues, les tableaux, les pierres gravées, les bibliothèques et musées, et tous les autres monumens qui se trouvent soit dans les palais du Roi, soit dans le garde-meuble, voire même les manufactures royales de Sèvres, des Gobelins, de la Savonnerie et de Beauvais. Enfin, l'article 23 de cette même loi distribue encore un revenu annuel de 8 millions aux princes et princesses de la famille royale, pour leur tenir lieu d'apanages; le tout sans préjudice des millions qui furent votés par la suite pour le paiement des dettes contractées par le Roi en pays étranger, pendant les dix-neuf premières années de son règne.

Art. 24. La Chambre des pairs est une portion essentielle de la puissance législative.

Art. 25. Elle est convoquée par le Roi en même temps que la Chambre des députés des départemens. La session de l'une commence et finit en même temps que l'autre.

Art. 26. Toute assemblée de la Chambre des pairs, qui serait tenue hors du temps de la session des députés, ou qui ne serait pas ordonnée par le Roi, est illicite et nulle de plein droit.

Art. 27. La nomination des pairs de France appartient au Roi. Leur nombre est illimité ; il peut en varier les dignités, les nommer à vie ou les rendre héréditaires, selon sa volonté.

Si la nomination des pairs appartient au Roi, pourquoi les articles 5 et 6 de l'ordonnance du 25 mars 1816 établissent-ils qu'il sera choisi par la voie du sort six pairs sur les douze portés dans la liste présentée par le nouveau pair, que le président interrogera les six pairs séparément, et leur demandera de déclarer sur leur honneur si le nouveau pair est digne d'être admis à prêter serment et à prendre séance. Il y a évidemment contradiction entre cette ordonnance et la Charte.

Mais des atteintes plus sérieuses ont été portées et à la Charte et à la pairie, par les ordonnances des 19 août 1815, 25 et 31 août 1817.

L'ordonnance du 19 août établit les gradations des titres de baron, vicomte, comte, marquis et duc ; et l'article 7 est ainsi conçu :

« Nous nous réservons, suivant notre bon plaisir, de changer le titre d'institution des pairies, en accordant un titre supérieur à celui de la pairie originaire. »

Les articles 13 et 14 de l'ordonnance du 25 août portent :

Art. 13. Lorsque la Chambre des pairs sera appelée à siéger en notre présence royale, et dans les autres occasions solennelles seulement, il sera préparé, dans le lieu habituel de ses séances ou dans celui destiné à la réunion de ses membres, des places ou bancs séparés pour chaque ordre de titres; les pairs également titrés se placeront sur le même banc, selon l'ordre de leurs promotions ou de l'ancienneté de leur titre. (Quelles absurdes puérilités !)

Art. 14. Le premier de tous les bancs sera destiné aux princes de notre sang. Les pairs ecclésiastiques occuperont de droit les premières places des bancs où ils seront appelés, en vertu du titre qui leur est conféré par nos lettres-patentes d'institution.

Enfin, l'ordonnance du 31 août 1817 partage nommément MM. les pairs en cinq classes de duc, marquis, comte, vicomte et baron, et soumet à des droits de sceaux les lettres-patentes portant institution de ces titres.

Rapprochons un moment de toutes ces ordonnances, qui font pitié, l'article 81 du réglement de la Chambre des pairs, conforme à l'édit de mai 1711 :

Art. 81. Dans les séances solennelles, immédiatement après les princes du sang, chaque pair prend son rang d'ancienneté, et dans l'ordre de la liste proclamée dans la séance royale du 4 juin 1814.

Il est évident qu'il y a contradiction formelle entre le réglement et les ordonnances précitées. Mais telle est la force de la raison, que les pairs obéissent de préférence au réglement ; l'article 7 de l'ordonnance du 19 août a excité parmi eux un mécontentement général ; plusieurs n'ont pas voulu assister aux séances royales, et d'autres affectent de s'y placer indifféremment à tout autre banc que le premier.

Les pairs ne doivent reconnaître entr'eux de réelle distinction de rangs, que celle des fils de France et des princes du sang, et celle qui naît de l'ancienneté de réception. Toute ordonnance contraire est contraire à la Charte et à l'esprit de la Charte, à la volonté de la Chambre, et à la sublimité des fonctions de pair.

Quant à l'article 14, en faveur des pairs ecclésiastiques, il nous reporte au temps de la première race et de la seconde ; à ce bon temps où les prêtres obtenaient, comme remplaçant les druides, toute préséance dans le royaume de ce monde auquel ils ne doivent pas appartenir ; c'est une ordonnance féodale.

Art. 28. Les pairs ont entrée dans la Chambre à vingt-cinq ans., et voix délibérative à trente seulement.

N'est-il pas étrange qu'on puisse vôter à trente ans

dans la Chambre des pairs, tandis qu'on ne peut être député qu'à quarante ans? Aussi cet article était au nombre des articles à réviser, compris dans l'ordonnance du 13 juillet.

Art. 29. La Chambre des pairs est présidée par le chancelier de France, et en son absence par un pair nommé par le Roi.

Le chancelier n'a aucun titre à l'inamovibilité, ni comme chancelier constitutionnel, ni comme ministre, quand il l'est, ni comme président dans la Chambre des pairs. Dans le système anglais, le chancelier n'est point pair; conséquemment il n'opère pas, il ne vote pas parmi les pairs. Ce système paraît adopté par le Roi dans la Charte, dans la liste des pairs du 4 juin 1814, et dans l'ordonnance du 31 août 1817 où tous les pairs sont nommés, et où le chancelier fut omis une seconde fois. Le chancelier n'est donc réellement dans la Chambre des pairs qu'un commissaire du Roi pour présider : ce qui est absurde et contraire à tous les principes du gouvernement représentatif, puisque la Chambre des pairs *fait essentiellement partie de la puissance législative*.

Art. 30. Les membres de la famille royale et les princes du sang sont pairs par le droit de leur naissance. Ils siégent immédiatement après le président, mais ils n'ont voix délibérative qu'à vingt-cinq ans.

Art. 31. Les princes ne peuvent prendre séance à la Chambre que de l'ordre du Roi exprimé pour chaque session par un message, à peine de nullité de tout ce qui aurait été fait en leur présence.

Art. 32. Toutes les délibérations de la Chambre des pairs sont secrètes.

Ce dernier article est sans contredit un des plus vicieux de la Charte. En Angleterre, un bill avait assujetti au secret les délibérations de la Chambre des pairs; il est tombé en désuétude. En 1814, toutes les délibérations de notre Chambre des pairs sont restées secrètes; mais aujourd'hui ses procès-verbaux sont imprimés et publiés, et les noms des opinans supprimés dans le texte y sont rétablis, même dans le *Moniteur*. C'est un premier pas vers l'ordre naturel, vers cette publicité qui est le grand ressort et la seule garantie efficace du gouvernement représentatif.

Art. 33. La Chambre des pairs connaît des crimes de haute trahison et des attentats à la sûreté de l'état, qui seront définis par la loi.

Ainsi, dans cet article comme dans l'article 56 dont nous avons déjà parlé, la Charte inculque et pose cette régle tutélaire : Il faut, pour qu'on puisse punir les crimes, spécialement contre l'état, ainsi que tous autres, qu'ils soient désignés et spécifiés par une loi.

Cette loi n'existe pas. Aussi nous avons vu dernièrement un citoyen, qui se disait le roi légitime, jugé par une Cour royale. Cependant, même au civil, la Chambre des pairs pourrait seule être compétente pour juger une question d'état dont la décision emporterait la succession au trône.

L'article 33 a été d'ailleurs ouvertement dédaigné, puisqu'avant même la proposition de la loi qui doit définir les attentats dont *connaîtra la Chambre des pairs*, on a jugé comme si cette loi avait été promulguée.

Art. 34. Aucun pair ne peut être arrêté que de l'autorité de la Chambre, et jugé que par elle en matière criminelle.

Cet article a été ouvertement violé, ainsi que nous le prouverons à l'article 62.

Art. 35. La Chambre des députés sera composée des députés élus par les colléges électoraux, dont l'organisation sera déterminée par des lois.

Dans la dernière discussion sur les élections, on a étrangement abusé de cet article. Des orateurs ministériels ont prétendu que la division des colléges électoraux en colléges d'arrondissement, composés d'électeurs à 300 fr., et en colléges de départemens, composés d'électeurs à 1,000 fr., n'était autre chose qu'une organisation de colléges autorisée par l'article 35. Est-il possible de pousser plus loin l'abus des mots, l'esprit de servilité et l'effronterie du sophisme?

Art. 36. Chaque département aura le même nombre de députés qu'il a eu jusqu'à présent.

C'est parler pour ne rien dire; car *jusqu'à présent* le nombre des représentans électifs a varié depuis 1789 de douze cents à deux cents et quelques. Mais avec quelle adresse le gouvernement a profité de cette disposition! La dernière loi des élections a porté à quatre cent trente le nombre des députés, qui était de deux cent cinquante-huit; et pourquoi? Pour donner la nomination des cent soixante-douze nouveaux députés à des colléges électoraux composés d'électeurs à 1,000 fr. Ainsi cette augmentation, loin d'avoir été faite dans l'intérêt de l'élection à 300 fr., était un des élémens nécessaires du nouveau système, destructeur de cette élection : on a créé de nouveaux députés, pour pouvoir créer de nouveaux colléges privilégiés. Les ministres ont fait à ce sujet de très beaux discours, sur la nécessité de donner à la représentation nationale plus de force, plus de dignité, plus de consistance, etc., etc. Mais les faits et les résultats parlent plus haut que de belles phrases.

Voilà un nouvel exemple du danger des dispositions ambiguës dans une constitution. Il est certain cependant que la Charte étant, dans son principe, un acte uni-latéral, doit, en cas de doute, être interprétée contre le pouvoir qui l'a octroyé, puisqu'il a été le maître des conditions.

Art. 37. Les députés seront élus pour cinq ans, et de manière que la Chambre soit renouvelée chaque année par cinquième.

Il serait plaisant d'entendre quelque jour soutenir à la tribune que cet article admet la quinquennalité, c'est-à-dire, le renouvellement de la Chambre entière tous les cinq ans seulement. Déjà cette quinquennalité a été une fois proposée; on recula devant une violation si manifeste de la seconde partie de l'art. 37; mais on n'en viola pas moins, dans la nouvelle loi, la première partie de ce même article.

Et en effet, tous les cent soixante-douze nouveaux députés élus par les colléges de département, à l'exception d'un seul cinquième, sont élus pour moins de cinq ans. Les uns le sont pour quatre ans, d'autres pour trois, d'autres pour deux, d'autres enfin pour une seule année, selon la série à laquelle appartient leur département. Ainsi, par exemple, les députés élus par le collége du département du Puy-de-Dôme ne sont élus que pour un an, parce que ce département appartient à la cinquième série qui doit être renouvelée l'année prochaine. Il y a donc ici violation incontestable de cette partie de l'article 37, qui porte : *Les députés sont élus pour cinq ans*. Que répondre à de pareils faits ?

D'un autre côté, il y a violation non moins expresse, non moins manifeste de la seconde partie de l'article ; car, ainsi que l'a dit M. de Corcelles, les trois cinquièmes de la Chambre actuelle sont venus siéger pour la première fois cette année. Donc la Chambre n'aura pas *été renouvelée chaque année par cinquième*.

Dans une constitution, tous les articles sont étroitement liés ensemble, parce qu'ils tendent au même but et découlent du même principe, de telle sorte que la violation d'un seul nécessite bientôt la violation d'une foule d'autres ; c'est une chaîne dont le dernier anneau tombe avec le premier. Dès qu'on est entré dans les voies illégales, on marche sans cesse d'illégalités en illégalités, de violations en violations ; en un mot, on ne peut plus faire un acte légal sans être inconséquent avec soi-même.

Mais si de vos flatteurs vous suivez la maxime,
Il vous faudra, seigneur, courir de crime en crime,
Soutenir vos rigueurs par d'autres cruautés,
Et laver dans le sang vos bras ensanglantés.

. . . .

Vous allumez un feu qui ne pourra s'éteindre.

Art. 38. Aucun député ne peut être admis dans la Chambre, s'il n'est âgé de quarante ans, et s'il ne paie une contribution directe de mille francs.

Voilà certes un article très simple, très clair et très précis. Eh bien, malgré toute sa simplicité, sa clarté et sa précision, il a été deux fois violé ; et, ce qui est bien remarquable, ce sont deux violations en sens contraire. Voici les faits :

L'article 10 de l'ordonnance royale du 13 juillet 1815 porte :

« Les députés peuvent être élus à l'âge de vingt-cinq ans accomplis. »

M. de Barante, par exemple, fut élu en vertu de cette ordonnance, et malgré la Charte, avant l'âge de quarante ans.

Trois ans après parut la loi du 25 mars 1818, qui portait, au contraire :

« Art. 1er. Nul ne pourra être membre de la Chambre des députés, si, *au jour de son élection*, il n'est âgé de quarante ans accomplis. »

Le mot *admis*, employé dans la Charte, a toujours signifié dans nos lois et signifie évidemment être jugé valablement élu, être admis par la Chambre, en conséquence de la vérification des titres et des pouvoirs. Au contraire, la loi du 25 mars suppose l'*admission* synonyme de la simple *élection* non vérifiée, et détruit, malgré la Charte, la validité de l'élection avant quarante ans complets.

Voilà donc deux violations, dont l'une est plus favorable et l'autre plus défavorable que la Charte. Nouvel exemple des contradictions et des absurdités auxquelles on s'expose, lorsqu'au lieu de suivre une règle fixe et immuable on se jette dans divers systèmes de circonstance, lorsqu'au lieu de gouverner selon la constitution, on gouverne selon ses caprices.

Art. 39. Si néanmoins il ne se trouvait pas dans le département cinquante personnes de l'âge indiqué payant au moins 1000 fr. de contributions directes, leur nombre sera complété par les plus imposés au-dessous de 1000 fr., et ceux-ci pourront être élus concurremment avec les premiers.

Cet article ne prévoit pas le cas où le nombre des électeurs de 300 fr. serait au-dessous de deux cents, *minimum* fixé par le sénatus-consulte du 16 thermidor an X. Ne faut-il pas une loi pour y suppléer et appeler les plus imposés ?

Art. 40. Les électeurs qui concourent à la nomination des députés ne peuvent avoir droit de suffrage s'ils ne paient une contribution directe de 300 fr., et s'ils ont moins de trente ans.

Il résulte évidemment de cet article que tout citoyen payant 300 fr. de contribution directe, et âgé de trente ans, a droit de suffrage dans l'élection des députés; donc il y a violation de ce droit dès le moment où cent soixante-douze députés sont élus sans que les électeurs à 300 fr. concourent à leur élection. Il suffit d'un grossier bon sens pour faire un raisonnement si simple, pour déduire une conséquence si naturelle, et tous les sophismes de l'esprit le plus subtil, de la plus insigne mauvaise foi, ne peuvent détruire un droit, ni changer un texte positif. Ainsi la loi du 29 juin 1820, qui établit les deux degrés d'élection, est inconstitutionnelle, destructive du gouvernement représentatif dans sa base; elle est pire qu'une loi d'exception; car la Chambre, d'après la Charte, a le droit de voter une loi d'exception. Mais la Chambre n'a pas le droit de voter une loi qui viole la constitution; une telle loi est une usurpation, un acte arbitraire, et de la part de la puissance législative qui la vote, et de la part du pouvoir exécutif qui la propose.

Et remarquez que l'art. 40 borne le nombre des électeurs à quatre-vingt mille, et celui des éligibles à vingt mille, sur une population de trente millions d'hommes. Il y a même des départemens où il ne se trouve pas cent cinquante, ni cent, ni même dix citoyens payant 300 fr. de contributions directes. Voilà cependant ce qu'on a osé appeller un excès de démocratie ! Voilà cette démocratie insupportable, contre laquelle on a tant déclamé, et qu'on a voulu tempérer par des priviléges aristocratiques ! N'est-ce pas se jouer insolemment des peuples et de la raison ?

Art. 41. Les présidens des colléges électoraux seront nommés par le Roi, et de droit membres du collége.

Voilà une nouvelle preuve de cette excessive démocratie dont les ennemis de la Charte la trouvent entachée !

Cet article n'a pas certes été violé ; c'est le privilége de tous ceux favorables au pouvoir. Le Roi, dans son ordonnance du 13 juillet, en avait promis la révision ; mais, au lieu de le réviser, on en a profité par tous les moyens possibles de terreur et de corruption. Les intrigues et les dépenses ministérielles, préfectorales et municipales, pour faire choisir les hommes des ministres, sont parvenues à un degré de scandale et de notoriété qui révolte les citoyens même les plus impartiaux. Aussi, dans les dernières élections, plus des deux tiers des présidens de colléges ont été élus. Ce qui favorise encore l'abus de l'article 41, c'est l'institution irrégulière, captatoire des bureaux de nos assemblées électorales. Ces bureaux sont à la fois juges, avocats et parties ; ils élèvent les contestations, et ils peuvent les élever à voix basse; ils les discutent, et ils les décident seuls et à part. Le procès-verbal n'est pas même lu et arrêté dans l'assemblée.

Art. 42. La moitié au moins des députés sera choisie par des éligibles qui ont leur domicile politique dans le département.

C'est en vertu de cet article que l'élection de M. Grégoire fut annulée. La question d'indignité, élevée si imprudemment par M. Lainé, ne fut pas même délibérée, et n'avait pas même été indiquée dans le rapport et dans les conclusions de la commission. C'est un fait positif qu'il est utile de rappeler pour détromper beaucoup de personnes.

Art. 43. Le président de la Chambre des députés est nommé par le Roi sur une liste de cinq membres présentés par la Chambre.

Le Roi, dans son ordonnance du 13 juillet, avait promis la révision de cet article. D'après la constitution de 91, l'assemblée des représentans nommait elle-même son président.

Art. 44. Les séances de la Chambre sont publiques; mais la demande de cinq membre suffit pour qu'elle se forme en comité secret.

Le réglement de la Chambre veut en outre que le

nom des cinq membres soit inscrit au procès-verbal; et cette menace de publicité a suffi pour faire tomber la seconde partie de l'article en désuétude, et neutraliser le mauvais principe de cette disposition. Quant à la première partie, on n'a rien épargné pour la mutiler : le nombre des tribunes publiques a été cette année diminué de moitié, sous prétexte que l'enceinte de la salle était trop étroite pour contenir quatre cent trente membres, et la moitié de celles qui restent est destinée aux personnes privilégiées. Un fait certain, c'est que plus de six cents députés siégeraient très commodément dans cette salle. L'esprit anti-constitutionnel *du ministère et de ses agens éclate* jusque dans les plus petites choses.

Art. 45. La Chambre se partage en bureaux pour discuter les projets qui lui ont été présentés de la part du Roi.

Art. 46. Aucun amendement ne peut être fait à une loi s'il n'a été proposé ou consenti par le Roi, et s'il n'a été renvoyé et discuté dans les bureaux.

Si le mot loi employé dans l'article 46 signifie projet de loi, comme dans les articles 16, 17, 18 ou 19, le Roi ou plutôt les ministres peuvent s'opposer à toute espèce d'amendement. Ils ne peuvent en consentir aucun verbalement, et cet article est violé tous les jours.

Mais si le mot loi signifie loi parfaite, loi déjà promulguée, comme dans les articles 1, 2, 8, 9, 12, 33, 35, 65 et 68, ce n'est pas dès-lors violer la Charte que de faire toute espèce d'amendement, de ne pas les renvoyer à la discussion des bureaux, de se contenter du consentement verbal des ministres, ou de passer outre malgré leur opposition. Cette interprétation paraît la plus raisonnable; car le mot loi ne peut être synonyme de projet. En tout cas, ainsi que nous l'avons déjà dit, la Charte, étant dans son principe un acte uni-latéral, doit toujours s'interpréter contre le pouvoir. Le ministère d'ailleurs peut d'autant moins s'en plaindre, qu'on l'a vu s'efforcer, à propos d'élections, de légaliser le tribunal inconstitutionnel du conseil d'état, admettre des proscriptions par amendement, et enlever, par amendement aussi, l'admission d'une congrégation ecclésiastique, sans examen de ses statuts dans les Chambres.

Art. 47. La Chambre des députés reçoit toutes les propositions d'impôts; ce n'est qu'après que ces propositions ont été admises qu'elles peuvent être portées à la Chambre des pairs.

Art. 48. Aucun impôt ne peut être établi ni perçu, s'il n'a été consenti par les deux Chambres et sanctionné par le Roi.

Ce principe était fondamental, même avant 1789.

Il s'étend aux fonds spéciaux des départemens et des communes, aux douanes, aux emprunts, aux inscriptions au grand-livre, aux levées d'hommes et aux monnaies.

Cependant les ministres et leurs créatures s'obstinent à soutenir que les Chambres ne peuvent pas accorder de fonds spéciaux pour un objet, ni en suivre l'emploi, et qu'on ne peut mêler à la loi des finances aucune disposition de loi. Ce sont là des paradoxes qui feraient dégénérer l'édifice représentatif en un ridicule simulacre. Le despotisme impérial avait tellement perfectionné et simplifié la loi de finance, qu'il en est une, celle de 1810, qui renferme toute la recette et toute la dépense dans une seule phrase, dans une seule période à deux membres. Est-ce là ce qu'on voudrait nous rendre?

La constitution de 91 déléguait formellement à l'Assemblée législative les pouvoirs et fonctions ci-après : 1° de fixer les dépenses publiques; 2° d'établir les contributions publiques, d'en déterminer la nature, la quotité, la durée et le mode de perception; 3° de faire la répartition de la contribution directe entre les départemens du royaume, de surveiller l'emploi de tous les revenus publics, et de s'en faire rendre compte.

Art. 49. L'impôt foncier n'est consenti que pour

un an. Les impositions indirectes peuvent l'être pour plusieurs années.

Et cependant, en 1819, on osa proposer un projet de loi qui accordait dix-huit mois d'impôts. Grâce aux Chambres, cette violation scandaleuse ne fut pas ajoutée à tant d'autres.

Art. 50. Le Roi convoque chaque année les deux Chambres ; il les proroge, et peut dissoudre celle des députés des départemens ; mais, dans ce cas, il doit en convoquer une nouvelle dans le délai de trois mois.

Disposition plus sage et plus prévoyante que l'article 5 de la constitution de 91, qui portait : « Le Corps législatif ne pourra être dissous par le roi.

Depuis 1814, Louis XVIII a usé deux fois du droit de dissolution. Il a dissous la première fois, par son ordonnance du 13 juillet 1815, la Chambre de 1814, et cette dissolution a produit la fameuse Chambre des introuvables, qu'il a été obligé de dissoudre par son ordonnance du 5 septembre 1816.

Art. 51. Aucune contrainte par corps ne peut être exercée contre un membre de la Chambre durant la session, et dans les six semaines qui l'auront précédée ou suivie.

Art. 52. Aucun membre de la Chambre ne peut, pendant la durée de la session, être poursuivi ni arrêté en matière criminelle, sauf le cas de flagrant délit, qu'après que la Chambre a permis la poursuite.

Les anciennes constitutions voulaient qu'aucun représentant ne pût être, en aucun temps, recherché, accusé ni jugé, pour ce qu'il aurait dit ou écrit dans l'exercice de ses fonctions : et ce principe sacré est l'un des fondemens de l'article 11 de la Charte, si persévéramment violé. Punir un votant pour avoir dit son avis, cet avis que l'autorité souveraine lui a demandé, c'est une barbarie que les factions se permettent, et qu'elles peuvent décorer du nom de loi, parce qu'elles sont capables de tout. Mais la liberté d'opiner, la sûreté la plus complète dans ses opinions, sont de droit naturel pour un représentant ; elles n'ont de bornes que sa conscience et les règles de police intérieure de la Chambre. On sait que, tout récemment, le discours prononcé à la tribune par un député (M. le général Tarayre) a été saisi à la requête de M. Bellart, procureur-général-député.

Art. 53. Toute pétition à l'une ou à l'autre des Chambres ne peut être faite et présentée que par écrit. La loi interdit d'en apporter en personne et à la barre.

Le droit de pétition n'a pas été plus respecté que tous les autres droits consacrés par la Charte. Le silence dédaigneux des ministres, les éternels ordres du jour, les continuelles déclarations d'incompétence, les rapports non motivés, et le Conseil d'état, ont rendu presque dérisoire cette garantie fondamentale du gouvernement représentatif.

> Art. 54. Les ministres peuvent être membres de la Chambre des pairs ou de la Chambre des députés. Ils ont en outre leur entrée dans l'une ou l'autre Chambre, et doivent être entendus quand ils le demandent.

Cet article a deux parties distinctes que nous examinerons séparément.

1° Les ministres peuvent être membres de la Chambre des pairs et de la Chambre des députés.

La constitution de 91 contenait les dispositions suivantes :

« Sont obligés d'opter (s'ils sont élus représentans), les ministres et les autres agens du pouvoir exécutif révocables à volonté, les commissaires de la trésorerie nationale, les percepteurs et receveurs des contributions indirectes, les préposés à la perception et aux régies des contributions indirectes et des domaines nationaux, et ceux qui, sous quelque dénomination que ce soit, sont attachés à des emplois de la maison militaire et civile du Roi; enfin, les administrateurs, sous-administrateurs, officiers municipaux, et commandans des gardes nationales.

« De plus, les membres de l'Assemblée nationale actuelle et des législatures suivantes, les membres du tribunal de cassation, et ceux qui serviront dans le haut-juré, ne pourront être promus au ministère, ni recevoir aucunes places, dons, pensions, traitemens ou commissions du pouvoir exécutif ou de ses agens, pendant la durée de leurs fonctions, ni pendant deux ans après en avoir cessé l'exercice ».

Quelles précautions admirables contre la corruption des assemblées délibérantes! Combien nous en sentons tout le prix aujourd'hui! Que de lois d'exceptions de moins! que de violations épargnées à la Charte! Quel changement total, en un mot, de système politique et de gouvernement, si deux articles pareils existaient dans notre constitution!

N'est-il pas souverainement injuste, en effet, que le comptable et l'agent soient eux-mêmes leurs propres surveillans, leurs propres contrôleurs, les juges de leur propre gestion? N'est-il pas inconcevable que les mêmes individus puissent vouloir faire le projet de loi au conseil, le proposer à la Chambre élective, le suivre et le protéger dans les bureaux de cette Chambre, le vanter et le défendre, l'amender, même au nom du Roi, dans la discussion solennelle et à la tribune des députés, et au banc des ministres; concourir, par leur vote, à régler le sort provisoire de ce même projet ; enfin, à lui accorder ou lui refuser la sanction et la promulgation? Cette réunion, dans les mêmes individus, de tant de rôles différens et contradictoires, n'est tolérable que dans les jeux de théâtre.

2° Les ministres ont leur entrée dans l'une ou l'autre Chambre, et doivent être entendus quand ils le demandent.

On a abusé de cette disposition jusqu'à permettre aux ministres de prendre la parole entre deux épreuves, lorsque la Chambre avait fermé la discussion ; et plus d'une fois on les a gratifiés du privilége de parler les derniers, en prononçant la clôture immédiatement après les avoir entendus, quoique plusieurs membres demandassent la parole pour réfuter de fausses doctrines, ou même pour repousser des accusations calomnieuses.

De plus, la loi du 13 août 1814, interprétative de la Charte, et illégalement écartée du Bulletin des lois, accorde le droit d'entrée et de discussion dans les Chambres à tous commissaires royaux. C'est déjà une importante dérogation à la seconde disposition de l'art. 54, disposition évidemment limitative ; et il résulte, de cette extension anti-constitutionnelle, que le Roi pourrait n'avoir pas un seul ministre capable de discuter les projets de loi.

Art. 55. La Chambre des députés a le droit d'accuser les ministres et de les traduire devant la Chambre des pairs, qui seule a celui de les juger.

Art. 56. Ils ne peuvent être accusés que pour fait de trahison ou de concussion. Des lois particulières spécifieront cette nature de délits, et en détermineront la poursuite.

(*Voyez l'article* 13.)

Art. 57. *Toute justice émane du Roi.* Elle s'administre en son nom par des juges qu'il nomme et qu'il institue.

On entendit, en 1816, un procureur du Roi (M. Marchangy) faire ce raisonnement contre un jeune écrivain (1) accusé d'avoir calomnié les cours prévôtales : Calomnier les tribunaux, c'est calomnier la justice ; or toute justice émane du Roi, d'après la Charte : donc calomnier les tribunaux, c'est calomnier le Roi. Voilà jusqu'à quel point l'esprit de parti et de servilité peut abuser d'une disposition vague, équivoque, inutile et insignifiante, qui n'est autre chose qu'une phrase emphatique, à laquelle on peut appliquer une foule de sens différens. Croirait-on qu'il y a des juges assez insensés pour en conclure que le juge est identifié avec la personne du prince,

(1) M. Darmaing, dans l'affaire du *Surveillant.*

que le moindre officier de justice est sacré et inviolable de l'inviolabilité attachée à la personne du prince, et qu'à ce titre le juge offensé est chargé du soin de sa propre vengeance. Quel délire de vanité !

La constitution de 91 portait :

« Le pouvoir judiciaire ne peut, en aucun cas, être exercé ni par le Corps législatif, ni par le roi.

« La justice sera rendue gratuitement par des juges élus à temps par le peuple, et institués par lettres-patentes du roi, qui ne pourra les refuser.

« L'accusateur public sera nommé par le peuple. »

Art. 58. Les juges *nommés par le Roi* sont inamovibles.

Comme les juges, déjà en fonctions en 1814, n'avaient pas été nommés par le Roi, et que l'article ne fixait aucun terme à leurs nominations, une pratique adroite de cette disposition les plaça tous sous la dépendance du ministère pour un temps indéfini. On promit de borner ce temps à une année; mais il en fut de cette promesse comme de tant d'autres : en 1818, ce temps durait encore pour un grand nombre de tribunaux.

On a vu encore, au mépris de cet article, un fonctionnaire essentiellement *amovible* et dépendant, le ministre de la justice, se mettre en possession de présider les magistrats constitutionnellement *inamovibles* de la première Cour judiciaire du royaume ; c'est une usurpation de pouvoir.

Enfin l'existence seule du Conseil d'état, comme Cour judiciaire, est une violation flagrante et perpétuelle de cet article si important. Sous un gouvernement représentatif, il ne peut y avoir d'autorités judiciaires légitimes, que celles qui sont fondées en loi, qui n'ont rien de contraire à la constitution : or, puisque la constitution établit que les juges sont *inamovibles*, en ayant même le soin d'établir une exception unique pour les juges de paix, c'est violer cette constitution, c'est fouler aux pieds tous les principes et tous les droits les plus sacrés, que de revêtir de fonctions judiciaires des conseillers d'état amovibles à volonté, recréés sans loi, et auxquels il fut prescrit en 1814 de ne jurer obéissance qu'aux *édits et aux ordonnances* du Roi.

Art. 59. Les Cours et tribunaux ordinaires, actuellement existans, sont maintenus. Il n'y sera rien changé qu'en vertu d'une loi.

Ainsi la juridiction de l'université, qui ne s'appuie que sur des actes exécutifs, n'a pas encore d'existence légale. Tant qu'elle ne sera pas établie par une loi,

Il y aura évidemment violation de la Charte ; et tous ses actes seront autant d'usurpations de pouvoir.

Art. 60. L'institution actuelle des juges de commerce est conservée.

Art. 61. La justice de paix est également conservée. Les juges de paix, quoique nommés par le Roi, ne sont point inamovibles.

Un sénatus-consulte, du 16 thermidor an X, réduisit l'élection des juges de paix par les citoyens au droit de choisir deux candidats, sur lesquels le monarque doit nommer : or rien ne prouve que ce sénatus-consulte soit abrogé.

Art. 62. Nul ne pourra être distrait de ses juges naturels.

Cet article fondamental, qui consacre l'un des droits les plus sacrés des citoyens, a été ouvertement violé par les ordonnances du 24 juillet 1815.

L'une, convertie ensuite en loi dite d'amnistie, envoyait hors de Paris, et mettait sans jugement sous la surveillance de la haute police trente-neuf citoyens, en déclarant en outre que les Chambres statueraient sur ceux d'entre eux qui devraient ou sortir du royaume, ou être livrés à la poursuite des tribunaux. Double violation incontestable de l'article 62 ; car il est bien évident que les juges naturels de ces trente-neuf condamnés n'étaient ni le duc d'Otrante, qui a contresigné l'ordonnance, ni la Chambre des députés, qui l'a convertie en loi.

L'autre ordonnance exclut sans jugement vingt-neuf pairs de la Chambre. Or, d'après l'article 34 de la Charte, les juges naturels des pairs sont les pairs.

Comment donc expliquer encore et le renvoi du maréchal Ney, pair de France, devant un conseil de guerre qui se déclara incompétent, et l'ordonnance du 29 août 1815, qui destitua le maréchal Moncey pour avoir refusé de présider ce conseil ?

> Art. 63. Il ne pourra en conséquence être créé de commissions et tribunaux extraordinaires. Ne sont pas comprises sous cette dénomination les juridictions prévôtales, si leur *rétablissement* est jugé nécessaire.

Le mot *rétablissement* imposait l'obligation de se conformer aux règles de l'institution abrogée ou suspendue qu'on se réservait de *rétablir*. Or les lois sur les anciennes *prévôtés* furent toutes violées par la loi sur les cours prévôtales du 20 décembre 1815. Ces cours inouies furent de nouveaux tribunaux tout différens des premiers. La loi du 20 décembre mit tous les Français hors la loi, les ravala tous à l'ancienne condition légale des vagabonds et des voleurs de grand chemin, érigea quatre-vingt-six cours prévôtales pour remplacer trente-deux juridictions de cette espèce qui existaient en 1789, et qui souvent n'avaient pas une seule affaire à juger. Cette loi de 1815 enfin est une des plus criantes entreprises qui aient jamais eu lieu contre la nation entière, la raison et l'humanité.

On ne peut lire sans horreur le récit effroyable des barbares exécutions de Lyon et de Grenoble. Oui, l'histoire dira des cours prévôtales : *C'était une tache de sang dans la Charte.* Jamais Louis XVIII n'y aurait inséré cette fatale exception, s'il en avait pu prévoir les terribles conséquences.

Nous citerons encore un fait qui doit soulever l'indignation publique. Le grand-prévôt de la capitale, au lieu de prêter le serment constitutionnel suivant l'ordonnance royale du 3 mars 1815, fut admis à jurer seulement *d'obéir à tous les* ORDRES *du Roi.*

Art. 64. Les débats seront publics en matière criminelle, à moins que cette publicité ne soit dangereuse pour l'ordre et les mœurs ; et dans ce cas le tribunal le déclare par un jugement.

Art. 65. L'institution des jurés est conservée. Les changemens qu'une plus longue expérience ferait juger nécessaires ne peuvent être effectués que par une loi.

Les discussions élevées dans la Chambre des députés, à l'occasion de plusieurs pétitions, ont prouvé qu'on était généralement d'accord sur les abus de l'institution actuelle du jury. Il est constant que les jurés sont au choix des préfets, et que dès-lors l'institution du jury, destinée à protéger les citoyens, les livre à la discrétion du pouvoir. De toutes parts on réclame une utile réforme; mais que peut-on espérer d'un ministère qui, loin de songer à établir et consolider les libertés publiques, ne songe qu'à se créer ou se conserver des instrumens de tyrannie?

Art. 66. La peine de la confiscation des biens est abolie, et ne pourra pas être rétablie.

Cependant les tribunaux français continuent de confisquer les biens meubles qui ont été instrument ou moyen d'une contravention de police municipale, ou d'un délit de justice correctionnelle. Ils prétendent que la confiscation générale de tous biens est seule abolie, et distinguent où la Charte ne distingue pas.

La loi du 15 avril 1818 sur la traite des noirs, porte :

Article unique. — Toute part quelconque, qui serait prise des sujets et des navires français en quelque lieu, sous quelque condition et prétexte que ce soit, et par des individus étrangers dans les pays soumis à la domination française, au trafic connu sous le nom de traite des noirs, sera punie par *la confiscation du navire et de la cargaison*, et par l'interdiction du capitaine s'il est Français.

Cette loi, bonne d'ailleurs, viole néanmoins l'article 66 de la Charte; son but est louable, mais la peine est mal choisie.

Enfin l'article 3 de la loi du 12 janvier 1816 porte :

« Le Roi pourra pareillement les priver (les individus éloignés de France en vertu de l'article 2 de l'ordonnance du 24 juillet) de tous biens et pensions à eux concédés à titre gratuit. »

Peu satisfaite de cette disposition, et renchérissant sur sa sévérité, la commission chargée de l'examen de cette loi dans la Chambre de 1815 proposa, par l'organe de M. de Corbières son rapporteur, un article additionnel ainsi conçu :

« Dans les poursuites qui pourront avoir lieu en vertu des articles précédens, le trésor public se portera partie civile par ses agens pour requérir contre les accusés, s'ils sont jugés coupables, *l'indemnité des préjudices causés* à l'état. Le produit de ces condamnations prononcées sera appliqué au paiement des contributions extraordinaires de guerre. »

M. de Richelieu lui-même, en demandant le rejet de cet amendement, dit :

« Nous croyons que c'est, sous un autre nom, rétablir la confiscation à jamais abolie. »

Par ce seul fait, jugez de l'esprit de cette Chambre introuvable, retrouvée aujourd'hui, grace à la nouvelle loi des élections !

Art. 67. Le Roi a le droit de faire grace et celui de commuer les peines.

Le sénatus-consulte du 16 thermidor an X portait que le chef du gouvernement exercerait le droit de grace dans un conseil privé auquel étaient appelés des membres des premières autorités de l'état. Le droit de grace, en effet, peut facilement dégénérer en abus quand ce n'est qu'un acte dit *du propre mouvement*, c'est-à-dire l'ouvrage des *alentours du monarque ou du ministre*. Ce qu'on affecte d'appeler le propre mouvement du Roi n'est pas meilleur généralement que le propre mouvement des papes, ou les pensions dites de *premier mouvement* royal.

Il ne faut pas confondre l'amnistie avec la grace : généralement l'amnistie est un acte législatif. Ce principe a été reconnu et respecté par la loi du 12 janvier 1816; mais il a été méconnu dans les ordonnances des

11 juillet et 5 août 1814, 13 janvier 1815, 29 juin 1816 et 13 août 1817.

Art. 68. Le Code civil et les lois actuellement existantes, qui ne sont pas contraires à la présente Charte, restent en vigueur jusqu'à ce qu'il y soit légalement dérogé.

Il suit de cet article que la Charte n'abroge, dans les constitutions antérieures, que ce qui est incompatible avec la Charte; que les décrets et réglemens antérieurs, qui n'avaient pas le caractère de lois, ont acquis toute leur autorité, et que, pour établir l'abrogation d'un de ces actes, il ne suffit pas de prouver qu'il est contraire aux institutions actuelles : il faut que l'abrogation soit expresse, il faut une loi.

Le Code de procédure criminelle et le Code pénal sont, dans un grand nombre d'articles, en contradiction ouverte ou secrète avec le texte ou l'esprit de la Charte. N'est-il pas urgent de les mettre en harmonie avec la constitution, la raison et la morale? Une constitution inexécutée n'est qu'un vain mot.

Art. 69. Les militaires en activité de service; les officiers et soldats en retraite, les veuves, les officiers et soldats pensionnés, conserveront leurs grades, honneurs et pensions.

Il est peu d'articles de la Charte qui soient criblés

d'autant de violations que celui-là : elles sont innombrables. Il faudrait un volume tout entier pour inscrire les noms des victimes.

Citons un seul exemple. J'ai dans ce moment sous les yeux un état des officiers militaires de la marine, auxquels on a ravi toute la pension ou partie de la pension qu'ils avaient obtenue avant la rentrée du Roi en France, qui leur avait été fixée conformément aux lois existantes au moment où ils ont été éloignés du service, et dont le maintien leur avait été garanti formellement par l'article 69 de la Charte. Ces malheureux officiers sont au nombre de cent quatre-vingt-dix, dont quarante-huit n'ont pas même la demi-solde accordée aux matelots et aux novices. Quelle indignité ! quelle infâme violation d'une promesse royale, d'une constitution écrite, signée, solennellement jurée à la face de la France !

Art. 70. La dette publique est garantie. Toute espèce d'engagement pris par l'état avec ses créanciers est inviolable.

Principe de haute justice que malheureusement on n'a pas toujours respecté. Il est vrai de dire cependant que depuis cinq ans les déviations sont beaucoup plus rares.

Art. 71. La noblesse ancienne reprend *ses titres*.

La nouvelle conserve les siens. Le Roi fait des nobles à volonté; mais il ne leur accorde que des *rangs* et des *honneurs*, sans aucune exemption des charges et des devoirs de la société.

Les *titres* dont il s'agit sont des dénominations tirées du régime féodal, comme *noble*, *écuyer*, *chevalier*, *vicomte*, *baron*, ou *comte*, ou *marquis*, ou *duc*, ou *prince*. On a oublié de ressusciter le titre de *valet*.

Rang signifie *ligne* ou ordre graduel de marche ou de préséance.

Les *honneurs* sont les titres, les rangs et les armoiries que nos rois vendaient à qui voulait les payer, et qu'aucune loi vivante n'interdit à personne.

La constitution de 91 s'expliqua franchement à l'égard de la noblesse; elle portait :

« Il n'y a plus ni noblesse, ni pairie, ni distinctions héréditaires, ni distinctions d'ordres, ni régime féodal, ni justices patrimoniales, ni aucun des titres, dénominations et prérogatives qui en dérivent, ni aucun ordre de chevalerie, ni aucune des corporations ou décorations pour lesquelles on exigeait des preuves de noblesse, ou qui supposaient des distinctions de naissance; ni aucune autre supériorité que celle des fonctionnaires publics *dans l'exercice de leurs fonctions*. Il n'y a plus ni vénalité, ni hérédité d'aucun office public. Il n'y a plus pour aucune partie de la nation, ni pour aucun individu, aucun privilège, ni exception au droit commun de tous les Français. Il n'y a plus ni jurandes, ni corporations de professions, arts et métiers. La loi ne reconnaît plus ni vœux religieux, ni aucun autre engagement qui serait contraire aux droits naturels ou à la constitution.

Cet article seul est un résumé des bienfaits de la révolution; et en nous rappelant tous les abus oppressifs dont l'Assemblée constituante nous a délivrés, il nous rappelle tous les titres de cette auguste assemblée à la reconnaissance nationale. La Charte, sans employer un langage aussi exact et aussi positif, en a cependant conservé l'esprit.

Art. 72. La Légion d'Honneur est maintenue. Le Roi déterminera les réglemens intérieurs et la décoration.

Une atteinte grave a été portée à cet article par l'ordonnance du 28 mars 1816, qui donne une supériorité à l'ordre de Saint-Louis, et met la Légion d'Honneur en subordination de préséance. Quelle absurdité et quelle maladresse! On sait d'ailleurs combien certains ministres se sont efforcés de dégrader, en la prodiguant, cette *première décoration nationale*, la seule qui soit constitutionnelle.

Art. 73. Les colonies seront régies par des lois et des réglemens particuliers.

Article inexécuté, comme tant d'autres. Il n'y a encore d'obligatoire pour les colonies que la loi du 15 avril 1818 sur la traite des noirs. Tous les pouvoirs y sont confondus, et cependant l'article 73 de la Charte date de six années au moins : l'inexécution d'un pareil article est évidemment la violation d'un droit.

Art. 74. Le Roi et ses successeurs jureront, dans la solennité de leur sacre, d'observer fidèlement la présente Charte constitutionnelle.

Ce sacre, si souvent annoncé, n'a jamais eu lieu : on attend encore une bulle du pape.

Art. 75. Les députés des départemens de France qui siégeaient au Corps législatif lors du dernier ajournement continueront de siéger à la Chambre des députés jusqu'à remplacement.

Art. 76. Le premier renouvellement d'un cinquième de la Chambre des députés aura lieu au plus tard en l'année 1816, suivant l'ordre établi entre les séries.

(Articles transitoires.)

Nous ordonnons que la présente Charte constitutionnelle, mise sous les yeux du Sénat et du Corps législatif, conformément à notre proclamation du 2 mai, sera envoyée incontinent à la Chambre des pairs et à celle des députés.

Donné à Paris l'an de grâce 1814, ET DE NOTRE RÈGNE LE DIX-NEUVIÈME.

Visa:

Le Chancelier de France, signé DAMBRAY.

Et plus bas :

Le Ministre secrétaire-d'état,

Signé L'ABBÉ DE MONTESQUIOU.

1°. La Charte n'a pas été communiquée au Sénat tout entier, mais seulement à ceux des sénateurs qui ont reçu des lettres closes pour la séance royale. Elle n'a été discutée que par une commission, où quelques sénateurs ont été admis.

2°. Des commissaires pris dans le sein du Corps législatif ont discuté le projet de constitution ; mais le Corps législatif n'en a pas délibéré.

3°. Le préambule de la Charte se termine par ces mots : « A ces causes, nous avons volontairement, « et par le libre exercice de notre autorité royale, « ACCORDÉ ET ACCORDONS, FAIT CONCESSION ET « OCTROI à nos sujets, tant pour nous que pour

« nos successeurs, et à toujours, de la Charte cons-
« titutionnelle qui suit. »

4° Après la lecture de cette Charte dans la séance royale du 4 juin 1814, M. le chancelier Dambray prononça un discours, dans lequel il appela la Charte **UNE ORDONNANCE DE RÉFORMATION.**

CHAPITRE III.

Devoirs des Français, selon le Roi et selon la Loi.

Après avoir mis sous les yeux des Français les principales violations de la Charte constitutionnelle, nous nous empressons de leur rappeler ce que leur prescrivent l'ordonnance du 9 mars 1815, et la loi du 15 mars 1815.

L'ordonnance du Roi, relative aux gardes nationales du royaume, du 9 mars 1815, est ainsi conçue :

LOUIS, etc.

..... Comme c'est principalement par l'union que les peuples résistent à la tyrannie, c'est surtout dans les gardes nationales qu'il importe de conserver et de resserrer les nœuds d'une confiance mutuelle, en prenant un seul et même point de ralliement. Nous l'avons trouvé dans la Charte constitutionnelle que nous avons promis d'observer et de faire observer à jamais, qui est notre ouvrage libre et personnel, le résultat de notre expérience, et le lien commun que nous avons voulu donner aux intérêts et aux opinions qui ont si long-temps divisé la France.

A ces causes, mettant notre confiance entière dans la Charte constitutionnelle, dans les Chambres qui sont avec nous gardiennes de la Charte, et qui nous environnent, dans l'expérience de nos peuples éclairés par les phases diverses d'une longue révolution, dans l'honneur et la fidélité de l'armée et des gardes nationales,

Nous avons ordonné et ordonnons ce qui suit :

..... Art. 9. Nous voulons que la Charte constitutionnelle soit le point de ralliement et le signe d'alliance de tous les Français.

Nous regarderons comme nous étant seuls véritablement affectionnés, ceux qui déféreront à cette injonction.

Nous envisagerons comme un attentat à notre autorité, et comme un moyen de favoriser la rebellion, toute entreprise directe ou indirecte, par actions, écrits ou propos publics, qui tendrait à ébranler la confiance des gardes nationales en la Charte constitutionnelle, ou à les diviser en factions par des distinctions que la Charte réprouve.

Donné au château des Tuileries, le 9 mars 1815.

Signé LOUIS.

La loi concernant les récompenses nationales, du 15 mars, 1815, porte :

LOUIS, etc.

..... Art. 4. Le dépôt de la Charte constitutionnelle et de la liberté publique est confié à la fidélité et au courage de l'armée, des gardes nationales et de tous les citoyens.

Donné à Paris, le 15 mars, l'an de grace 1815, et de notre règne le vingt-unième.

Signé LOUIS.

FIN.

DE L'IMPRIMERIE DE DOUBLET,

www.ingramcontent.com/pod-product-compliance
Ingram Content Group UK Ltd.
Pitfield, Milton Keynes, MK11 3LW, UK
UKHW020411230726
13925UKWH00004B/1346